BEI GRIN MACHT SICH IHR WISSEN BEZAHLT

AF140108

- Wir veröffentlichen Ihre Hausarbeit, Bachelor- und Masterarbeit

- Ihr eigenes eBook und Buch - weltweit in allen wichtigen Shops

- Verdienen Sie an jedem Verkauf

Jetzt bei www.GRIN.com hochladen und kostenlos publizieren

Bibliografische Information der Deutschen Nationalbibliothek:

Die Deutsche Bibliothek verzeichnet diese Publikation in der Deutschen National-
bibliografie; detaillierte bibliografische Daten sind im Internet über http://dnb.d-
nb.de/ abrufbar.

Impressum:

Copyright © 2012 GRIN Verlag, Open Publishing GmbH
Druck und Bindung: Books on Demand GmbH, Norderstedt Germany
ISBN: 9783668605299

Dieses Buch bei GRIN:

https://www.grin.com/document/266937

Stephanie Dose

Die Kurt-Eisner-Gedenkplatte. Erinnerungsorte in München

GRIN Verlag

GRIN - Your knowledge has value

Der GRIN Verlag publiziert seit 1998 wissenschaftliche Arbeiten von Studenten, Hochschullehrern und anderen Akademikern als eBook und gedrucktes Buch. Die Verlagswebsite www.grin.com ist die ideale Plattform zur Veröffentlichung von Hausarbeiten, Abschlussarbeiten, wissenschaftlichen Aufsätzen, Dissertationen und Fachbüchern.

Besuchen Sie uns im Internet:

http://www.grin.com/

http://www.facebook.com/grincom

http://www.twitter.com/grin_com

Lise-Meitner-Gymnasium Unterhaching

Fachschaft Geschichte

W-Seminar: „Erinnerungsorte in München"

Abiturjahrgang 2011/13

Die Kurt-Eisner-Gedenkplatte

6. November 2012

Stephanie Dose

Inhaltsverzeichnis

A. Einleitung

Im Frühling 2010 werden Proteste im Norden Afrikas und im Nahen Osten laut. Auslöser war die Selbstverbrennung eines tunesischen Gemüsehändlers aus der Verzweiflung über die politische Situation in seiner Heimat. Viele Menschen in Tunesien fanden sich in ähnlichen Situationen wieder. Die Politik galt als korrupt und die Bevölkerung litt unter der hohen Arbeitslosigkeit. So war es der Selbstmord, der das sprichwörtliche Fass zum Überlaufen brachte. Die Menschen gingen auf die Straße und protestierten gegen die Machthaber in ihrem Land, denen sie die Schuld an ihrer Situation gaben. Viel Aufmerksamkeit bekamen die Aufständischen über soziale Netzwerke. Die Proteste sprangen auf Nachbarländer über, eine Revolution kam auf.

Dieses Beispiel aus der Gegenwart zeigt, dass es heute noch, wie auch in der Vergangenheit, Revolutionen aus „geringfügigen" Anlässen entstehen können und den Sturz von Regierungen zur Folge haben. Ein solches Beispiel aus der Vergangenheit ist die Revolution 1918 in Bayern, die das Absetzen der Monarchie und das Ausrufen der Republik zur Folge hatte. Sie entstand auch aus der Unzufriedenheit des Volkes aufgrund der schlechten Versorgung und den Nöten, die die Bevölkerung nach dem Ersten Weltkrieg zu ertragen hatte. Kurt Eisner war derjenige, der diese Revolution anführte.

Er gilt als Gründer des heutigen Freistaats Bayern, den er nach der Revolution in der Nacht vom 7. auf den 8. November 1918 proklamierte. Zur Erinnerung an ihn wurde im Jahr 1989 eine Gedenkplatte in der Kardinal-Faulhaber-Straße in den Gehweg eingelassen.

Zu Beginn der Arbeit werden das Leben Kurt Eisners und sein Wirken in München dargestellt, damit erkenntlich wird, weshalb ein Ort der Erinnerung gestaltet wurde. Des Weiteren wird sein Leben und Wirken in einen historischen Zusammenhang gebracht, um die Auswirkungen seines Handelns als Ministerpräsident zu zeigen. Weiterhin werden die Hintergründe der Gedenkplatte genauer betrachtet, die Ortswahl, die Intention der Künstlerin Erika Maria Lankes, die Diskussionen im Münchner Stadtrat und die Inschrift.

Es folgt eine Einordnung der Gedenkplatte in die theoretischen Konzepte des „Erinnerungsorts" und des „Schauplatzes der Geschichte in Bayern". Den Abschluss bilden die Ergebnisse einer Befragung am Münchener Marienplatz zu Kurt Eisner.

B. Kurt Eisner

I. Kurt Eisner und die Revolution 1918/1919 in München

1. Das Leben Kurt Eisners

Kurt Eisner, erster bayerischer Ministerpräsident, wurde am 21. Februar 1919 auf offener Straße erschossen. Zu diesem Zeitpunkt war er auf dem Weg von seinem Amtssitz, dem Palais Montgelas, zur ersten Sitzung des neugewählten bayerischen Landtags. Mit sich trug er in seiner Tasche seine Rücktrittserklärung.[1] Der Attentäter Anton Graf von Arco auf Valley traf ihn mit zwei Schüssen in den Kopf. Eisner verstarb noch am Tatort.

In der Nacht vom 7. auf den 8. November 1918 proklamierte Kurt Eisner als erster Vorsitzender des Rats der Arbeiter, Soldaten und Bauern die Republik und erklärte Bayern zum Freistaat.[2] Später wurde er vom Rat der Arbeiter, Soldaten und Bauern zum ersten Ministerpräsidenten Bayerns gewählt. In seiner Zeit als Ministerpräsident fielen viele wichtige Entscheidungen. Als Vorsitzender der USPD zog er die politischen Konsequenzen aus der Niederlage seiner Partei bei den Landtagswahlen am 12. Januar 1919 und wollte am 21. Februar 1919 seinen Rücktritt erklären.[3]

Der Politik widmete Eisner sich erst intensiv, als er 1910 nach München kam. Zuerst engagierte er sich zurückhaltend in der SPD; nach dem Ersten Weltkrieg folgte er der mehr links orientierten USPD. Aktiv in Erscheinung trat er als Mitorganisator des Streiks der Rüstungsarbeiterinnen im Januar 1918. Aufgrund dessen wurde er verhaftet und erst am 14. Oktober 1918 aus der Untersuchungshaft entlassen. Nur einen Monat nach seiner Entlassung trat er neben Erhard Auer wieder in die Öffentlichkeit durch die Organisation einer Kundgebung der Arbeiter in München. Hieraus entwickelte sich eine Eigendynamik, die von Eisner durchaus gewollt war, mit dem Resultat der Revolution und dem Ausrufen der Republik.[4]

Kurt Eisner, geboren am 14. Mai 1867 in Berlin, studierte Germanistik und Philosophie und war anschließend als Journalist tätig. Ein von ihm 1897 verfasster, kritischer Artikel wurde als majestätsbeleidigend aufgefasst und führte zu einer zehn monatigen Haftstrafe.[5] Wilhelm Liebknecht wurde aufgrund dieses Artikels auf Kurt Eisner aufmerksam und empfahl ihn als Redakteur für die Zeitschrift „Vorwärts" für die er bis 1907 schrieb. Nach drei Jahren

---

[1] Vgl. KRAUS, Andreas: Geschichte Bayerns. Von den Anfängen bis zur Gegenwart, München 1983, S. 640.
[2] Vgl. EISNER, Kurt: An die Bevölkerung Münchens!. In: Münchner Neueste Nachrichten, 08.11.1918, S. 1.
[3] Vgl. BEYER, Hans: Die bayerische Räterepublik 1919. In: Zeitschrift für Geschichtswissenschaft 2 (1954), S. 182.
[4] Vgl. KRAUS, Geschichte Bayerns, S. 622.
[5] Vgl. Friedrich Ebert Stiftung, AdsD – Archiv der sozialen Demokratie, Kurt Eisner, www.fes.de, [21.10.2012].

journalistischer Tätigkeit für die „Fränkische Tagespost" in Nürnberg arbeitete er als Journalist für die „Münchner Post" ab 1910 in München. [6]

2. Politisches Wirken in München

a) Revolution gegen die Monarchie

Für die politische Entwicklung von Kurt Eisner war die Zeit des Ersten Weltkriegs prägend. Während er zu Kriegsbeginn noch als konformes Mitglied der SPD angesehen werden konnte, veränderten sich seine Anschauungen mit Verlauf des Kriegs. Insbesondere sein Standpunkt zur Kriegsschuldfrage wich von dem der SPD stark ab.

Er befand sich in innerparteilicher Opposition und schloss sich der neugegründeten USPD an, die als radikale Splitterpartei aus der SPD hervorging. Während die SPD bis weit in das Jahr 1918 versuchte, im Rahmen des „Burgfriedens"[7] zwischen den Arbeitern und den Konservativen Parteien zu vermitteln, unterstützte die USPD Streiks der Arbeiter.[8] Diese litten besonders stark unter den Kriegsfolgen; Lebensmittelknappheit und Hunger sowie die vielen Verwundeten und Toten, was zu einer allgemeinen Kriegsmüdigkeit führte. Für Kurt Eisner stand fest,

> „daß [sic!] in den Massen ein starkes Bedürfnis nach einem solchen organisierten Protest bestehe."[9]

Aktiv in die Politik trat Eisner mit diesem Standpunkt im Januar 1918 durch mehrere, erfolgreiche Streikaufrufe in Erscheinung, unter anderem dem Streik der Munitionsarbeiter in München. Aus Angst vor einem von ihm propagierten Generalstreik wurde er am 31. Januar 1918 verhaftet.[10]

Erst nach Entlassung aus der Untersuchungshaft am 14. Oktober 1918 trat er wieder politisch in Erscheinung. Auf zahlreichen Versammlungen agierte er als Redner. Sein Ziel war „die Gewinnung der Massen. Von Anfang an ließ er keine Zweifel daran, daß [sic!] er die Republik anstrebte."[11]

In diese Zeit der politischen Unsicherheit fand am 3. November 1918 die erste Kundgebung unter freiem Himmel seit Ausbruch des Ersten Weltkriegs statt. Kurt Eisner sprach auf der

---

[6] Vgl. KRAUS, Geschichte Bayerns, S. 615/616.
[7] Im Rahmen des „Burgfriedens" haben die deutschen Parteien ihre innenpolitischen Konflikte während des Ersten Weltkriegs ruhenlassen. Sie alle unterstützten die Kriegsführung und bewilligten die dafür notwendigen Kriegskredite. Dieses führte innerhalb der SPD zu Spannungen und führte unter anderem zur Abspaltung der USPD.
[8] KRAUS, Geschichte Bayerns, S. 616.
[9] Ebd., S. 617.
[10] Ebd., S. 618.
[11] Ebd., S. 621.

Theresienwiese zu etwa eintausend Menschen. Anschließend zog eine ungenehmigte Demonstration friedlich durch die Stadt. Eisner wusste als Redner die Massen zu begeistern. Er spürte, dass die Revolution kurz bevorstand, als er am 5. November 1918 bei einer öffentlichen Rede verkündete, dass er den Ausbruch der Revolution jederzeit erwarte.[12]

Diese „Drohung" nahm die konservative Regierung nicht ernst und erlaubte eine weitere gemeinsame Kundgebung von USPD und MSPD, die für den 7. November 1918 geplant war. Am Morgen des 7. Novembers trafen sich die Führungen von MSPD und USPD, um den genauen Ablauf des Nachmittages durchzugehen. Jedem Redner wurden fünf Minuten Redezeit festgesetzt. Im Innenministerium wurde darüber nachgedacht Eisner zu verhaften, damit dieser nicht vor das Volk treten könne. Dieser Vorschlag wurde verworfen, da unter anderem auch der Führer der MSPD Erhard Auer[13] meinte, „er haben seine Leute fest im Griff; nichts werde passieren. Dieser Eisner werde an die Wand gedrückt werden' "[14], eine Einschätzung, die sich später als falsch herausstellte.

Gegen 15 Uhr versammelten sich circa 50.000 Menschen auf der Theresienwiese. Rechts neben der Bavaria hielt Auer seine Rede und zog anschließend mit einem großen Teil der Zuhörer in Richtung Friedensengel. Dort angekommen löste sich der Zug an Demonstranten friedlich auf.

Auf der linken Seite der Bavaria hielt anschließend Eisner seine mitreißende Rede. Einem Aufruf „Wer für die Revolution ist, uns nach!"[15] folgten einige Demonstranten. Mit Eisner an der Spitze zogen sie in Richtung Norden zu den Kasernen. Dort angekommen schlossen sich die Soldaten an, gemeinsam zogen sie zurück in die Stadt zum Mathäserbräu am Stachus. In der anschließenden Versammlung unter der Führung Eisners wurde der erste Arbeiter- und Soldatenrat gegründet.

Gegen 23.00 Uhr traf sich der Rat zu seiner ersten Sitzung im Landtagsgebäude in der Prannerstraße. Zu Beginn der Versammlung des neuen Arbeiter-, Bauern- und Soldatenrats rief Kurt Eisner die Republik aus und er wurde vorläufiger Ministerpräsident von Bayern.[16]

Am nächsten Morgen hingen überall in der Stadt Plakate, die die Geschehnisse des letzten Abends dokumentierten. Die Titelseite der „Münchner Neueste Nachrichten" zeigte einen von Eisner verfassten Brief an die Bevölkerung, in dem Bayern zum ersten Mal als Freistaat

---

[12] Ebd., S. 622.
[13] Die MSPD war zu diesem Zeitpunkt nicht Mitglied der Regierung.
[14] HAFFNER, Sebastian: Die verratene Revolution. Deutschland 1918/19, Bern/München/Wien 1969, S. 177.
[15] Bayerischer Landtag u.a.: „Und schließlich sah man rote Fahnen über den Köpfen flattern…". Vor 75 Jahren: Revolution im Königreich Bayern. In: Maximilianeum, Nr. 8 (1993), S. 88.
[16] Vgl. Ebd., S. 89.

bezeichnet wurde.[17] Damit proklamierte Eisner den Systemwandel von der Monarchie zur Republik.[18]

König Ludwig III. erfuhr erst bei seinem Morgenspaziergang im Englischen Garten von seiner Absetzung, daraufhin flüchteten er und seine Familie aus München, in der Hoffnung, dass sich die Lage noch beruhigt. Als er erkannte, dass dieses nicht der Fall sein würde, entband er alle bayerischen Beamte und Soldaten von ihrem Treueeid, verzichtete aber nicht auf seinen Thron.[19]

b) Aktivitäten als provisorischer bayerischer Ministerpräsident

Als erster Vorsitzender des Rats der Arbeiter, Soldaten und Bauern sah er es als seine Aufgabe, die Vorbereitungen zur Einberufung einer konstituierenden Nationalversammlung zu treffen. An dieser Wahl sollten „alle mündigen Männer und Frauen"[20] teilnehmen. [21] Eisner sah die Menschen als Teil der Regierung an, die durch die Wahl ihre Meinung äußern können. Auch durch die Räte hatte das Volk die Möglichkeit in der Politik mitzuwirken. Zur Organisation des Staates stellte er sich ein ausgewogenes System von „checks and balances"[22] zwischen den Räten und dem Parlament vor.[23]

Eisners erste Amtshandlungen waren von der Notwendigkeit geprägt, eine sich im Umbruch befindende Gesellschaft und einen noch nicht an die neue Situation angepassten Staatsapparat zu stabilisieren und schrittweise neu auszurichten. Schon in der Erklärung vom 8. November 1918 erfolgten grundlegende Weichenstellungen, wie die Garantie der Sicherheit von Person und Eigentum, das Übernehmen aller Beamten und Offiziere sowie die Ankündigung einer Fürsorge für die heimkehrenden Soldaten.[24] Desweitern wurde das Verhältniswahlrecht eingeführt, den Frauen das Wahlrecht gegeben, die Kirche aus der Schulaufsicht entlassen, der Achtstundentag eingeführt und ein Staatsgrundgesetz der Republik Bayern verabschiedet. Eine seiner ersten Amtshandlungen betraf ihn persönlich, mit der er das „sehr hohe Gehalt, das der Ministerpräsident bisher bekommen hat"[25] reduzierte.

In Anbetracht einer Amtszeit von nur dreieinhalb Monaten und den gesellschaftspolitischen Umbrüchen in dieser Zeit war das ein immenses Programm, was nur mit Einschränkungen

---

[17] Vgl. EISNER, An die Bevölkerung Münchens!, S. 1.
[18] „Freistaat" wird in dieser Zeit als Synonym für „Republik" verwendet.
[19] Vgl. ZIERER, Otto / KAMMERL, Anton: München. Eine Stadt und ihre Geschichten aus 850 Jahren, München 2007, S. 245/246.
[20] Vgl. EISNER, An die Bevölkerung Münchens!, S. 1.
[21] Vgl. Ebd. S. 1.
[22] Vgl. HAFFNER, Die verratene Revolution, S. 182.
[23] Vgl. Ebd. S. 182.
[24] Vgl. EISNER, An die Bevölkerung Münchens!, S. 1.
[25] Vgl. EISNER, Freya: Wird ein Denkmal falsch dekoriert? In: Münchner Stadtanzeiger, 07.11.1991, S. 18.

umsetzbar war. Die Funktionsfähigkeit des Staatsapparates war nur durch das Halten der überwiegend konservativen Beamten in ihren Positionen zu gewährleisten.[26] Auch die Garantie für die vielfach monarchietreuen Offiziere, in ihren Positionen bleiben zu können, sicherte die Unterstützung des Militärs zur Aufrechterhaltung der öffentlichen Sicherheit. Stabilisierend wirkte sicher auch, dass er sämtliche Pläne zu einer eventuellen Verstaatlichung von Unternehmen zurückstellte. Industrie und Wirtschaft waren durch das Ende der Kriegswirtschaft stark belastet. So kam es immer wieder in Eisners politischem Handeln zu Widersprüchen mit den ursprünglichen Forderungen. Dieses wurde ihm von seinen Gegnern als Schwäche ausgelegt und gegen ihn verwendet,[27] zeugt jedoch von einem realistischen Blick:

> „Die Absage an jede Form des Bolschewismus, das Bündnis mit der Mehrheitssozialdemokratie, die Einbindung des linksliberalen Bürgertums, all dies machte doch vor allem deutlich, daß [sic!] Eisner sich auch von der Euphorie des revolutionären Augenblicks den Blick für die realen Machtverhältnisse nicht verstellen ließ."[28]

Schon vor dem Ende des Kriegs war für Eisner ein Frieden mit den Mächten der Entente sehr wichtig. Aus Angst vor einem Diktatfrieden, wie nach dem 14-Punkte-Plan von Wilson, brach er als Ministerpräsident die diplomatischen Beziehungen mit Preußen ab und versuchte sich mit den Siegermächten zu arrangieren. Sein Ziel waren „Vereinigte Staaten von Deutschland"[29], nach amerikanischem Vorbild, wobei Bayern Sonderrechte genießen sollte. Um dieses Ziel zu verwirklichen, suchte er die Annäherung an die Schweiz. Auf dem Sozialistenkongress in Bern vom 3. bis zum 10. Februar 1919 prangerte er die deutsche Kriegsschuld an. Laut Eisner waren es die Imperialisten in Deutschland und deren Helfer, die Sozialdemokraten, die verantwortlich waren für den Krieg. Diese Aussagen Eisners sowie die von ihm betriebene Veröffentlichung von Dokumenten der bayerischen Gesandtschaft in Berlin stießen in Deutschland auf starken Widerspruch. Ihm wurde Vaterlandsverrat vorgeworfen.[30]

In der Wahl vom 12. Januar 1919 scheiterte die von Eisner geführte USPD, sie errang nur drei Abgeordnetenmandate. Dieses war eindeutig als Scheitern Eisners als Ministerpräsident anzusehen. Hierfür waren drei Faktoren maßgeblich. Zum einen stand sein politisches Handeln zum Teil im Widerspruch zu seinen politischen Forderungen vom 7. November 1918.

---

[26] Vgl. GRAU, Bernhard: Kurt Eisner 1867 – 1919. Eine Biographie, München 2001, S. 367.
[27] Vgl. EISNER, Wird ein Denkmal falsch dekoriert?, S. 18.
[28] GRAU, Kurt Eisner 1867 – 1919, S. 465.
[29] KRAUS, Geschichte Bayerns, S. 634.
[30] Vgl. GRAU, Bernhard: Kriegsschuldfrage, 1918/1919, in: Historisches Lexikon Bayerns, www.historisches-lexikon-bayerns.de [22.10.2012].

Auch wenn es den Umständen der damaligen Zeit geschuldet war, so wurde es doch von seinen politischen Gegnern gegen ihn genutzt. Des Weiteren wurde sein pazifistischer Standpunkt zur Kriegsschuldfrage zu dieser Zeit von Vielen nicht geteilt, sondern als Vaterlandsverrat angesehen. Zum Dritten brach ihm seine wichtigste Wählerschaft, die Arbeiter, weg, da sie sich von ihm verraten und allein gelassen fühlten. Die hohe Anzahl an Arbeitslosen, bedingt durch die Umstellung der Kriegswirtschaft auf eine Friedenswirtschaft und die Heimkehr vieler Soldaten, zeigte hier ihre Folgen.[31]

II. Einordnung Eisners in den historischen Kontext

1. Die politische und gesellschaftliche Situation in München nach dem Ersten Weltkrieg

Die Revolution in Bayern kam bereits vor dem endgültigen Ende des Ersten Weltkriegs am 11. November 1918. Im folgenden Abschnitt wird dargestellt, in welcher Situation sich vor allem die Münchner Bürger befanden, politisch und auch gesellschaftlich, damit es besser nachvollziehbar wird, was die Bevölkerung zur Revolution am 7./8. November 1918 trieb. In ganz Deutschland herrschte eine niedergeschlagene und zugleich angespannte Stimmung. Die letzten Kriegsjahre waren durch harte Arbeit und Entbehrungen gekennzeichnet. Es war eine hohe Anzahl von Kriegstoten zu beklagen und viele Kriegsheimkehrer waren verwundet oder gar dauerhafte Invaliden. Die Wirtschaft lag am Boden und aufgrund der hohen Arbeitslosigkeit war es vielen nicht möglich, sich und ihre Familien zu versorgen. Viele Menschen mussten hungern und hatten Mühe, sich mit dem Nötigsten zu versorgen. Kriegsmüdigkeit und Versorgungsprobleme sorgten für eine schwere Autoritätskrise gegenüber dem bestehenden politischen System.[32]

Es kam im gesamten Jahr 1918 immer wieder zu Kundgebungen, in denen sich der Unmut der Arbeiter über ihre wirtschaftliche Lage und der Wunsch nach einem Ende des Kriegs äußerten.[33] Die USPD tat sich durch die Organisation derartiger Streiks besonders hervor, wodurch ein Teil der Anhänger der SPD sich ihr annäherten. So gewann die USPD auch in Bayern an Bedeutung. Die konservative bayerische Regierung unternahm nichts gegen die Streiks und empfand sie auch nicht als Bedrohung sondern eher als Möglichkeit für das Volk, seinen Ärger kundzutun.[34]

---

[31] Vgl. BEYER, Die bayerische Räterepublik 1919, S. 178/179.
[32] Vgl. HARTMANN, Peter Claus: Münchens Weg in die Gegenwart. Von Heinrich dem Löwen zur Weltstadt, Regensburg 12008, S. 183.
[33] Vgl. Die bayerische Bevölkerung in der Zeit Ludwigs III., in: www.koenigreichbayern.hdbg.de [28.10.2012].
[34] Vgl. KRAUS, Andreas: Geschichte Bayerns, S. 618/619.

Auch in den Monaten nach der Revolution änderte sich die wirtschaftliche Lage der Bevölkerung nicht merklich; die politische Situation blieb instabil.

2. Mord an Eisner und Verurteilung Anton Graf von Arco auf Valley

Die politische Stimmung in München war in diesen Tagen sehr aufgeheizt. Bei den Wahlen am 12. Januar 1919 erlitt die USPD eine schwere Niederlage aufgrund der Unzufriedenheit der Bürger mit der Politik Eisners, von der sie sich mehr erhofft hatten. Die USPD verfügte nun nur noch über drei Mandate im bayerischen Landtag. Der von der SPD geforderte Rücktritt Eisners war unausweichlich. Dieses propagierte unter anderem die „Münchner Post", die die politische Meinung Auers und der gesamten SPD vertrat.[35] In der Stadt kursierten Handzettel mit der Aufschrift „Landvogt, deine Uhr ist abgelaufen"[36].

Die „Münchner Neueste Nachrichten" forderten am Morgen des 21. Februar 1919 in einem am 20. Februar verfassten Artikel, dass das neue Parlament an die Stelle all der bisherigen Provisorien treten solle[37] und schloss mit der Hoffnung „Möge der morgige Tag einen guten Anfang bringen!"[38]

Kurt Eisner wurde am 21. Februar 1919 gegen zehn Uhr vormittags von dem Student und Leutnant der Reserve Anton Graf von Arco auf Valley ermordet. Eisner ging von seinem Amtssitz zum bayerischen Landtag in der Prannerstraße, als Arco aus einem Hauseingang heraustrat und Eisner mit zwei Schüssen tödlich verletzte. Er sank sofort zu Boden und verblutete noch Vorort. Die Leibwächter Eisners, die in diesem Moment vor ihm gingen, während sie sich sonst üblicherweise immer hinter ihm aufhielten, eröffneten sofort das Feuer auf Arco[39], der so schwer verletzt wurde, dass man annahm, auch er sei tot. Nur dank einer aufwendigen Operation des bekannten Chirurgen Ferdinand Sauerbruch überlebte der Attentäter.[40]

Die Nachricht von der Ermordung Eisners verbreitet sich sehr schnell in der gesamten Stadt. Es kam es zu Ausschreitungen und Unruhen, die in eine Schießerei im Landtag mündeten. Erhard Auer wurde schwer verletzt, zwei weitere Abgeordnete[41] wurden tödlich getroffen.[42]

---

[35] Vgl. BEYER, Die bayerische Räterepublik 1919, S. 183.
[36] Ebd., S. 183.
[37] Vgl. Unbekannter Autor: Zum Landtagsbeginn. In: Münchner Neuste Nachrichten, 21.02.1919, S. 1.
[38] Ebd., S. 1.
[39] Vgl. Bayerischer Landtag u.a.: „... so muß man jetzt wünschen, daß Eisner noch da wäre". Vor 75 Jahren: Nach der Ermordung des bayerischen Ministerpräsidenten versank das Land im Chaos. In: Maximilianeum, Nr. 1 (1994), S. 4.
[40] Vgl. REISER, Rudolf: Als die Justiz einen Mord beschönigte. In: Süddeutsche Zeitung, 16.01.1995, S. 27.
[41] Es waren Heinrich Osel (BVP) und Paul von Jahreiß.
[42] Vgl. Bayerischer Landtag u.a.: „... so muß man jetzt wünschen, daß Eisner noch da wäre", S. 4/5.

Der Attentäter Graf Anton zu Arco auf Valley fasste seinen Entschluss bereits am Abend vor der Tat. Als er von einer Kneipentour in seine Pension zurückkam, verfasste er eine Liste mit sieben Gründen für einen Mord an Eisner. Die genauen Motive, die hinter der Tat steckten, sind ungeklärt geblieben, da sich Arco persönlich dazu nie äußerte.[43] Im späteren Prozess gegen Arco, erwähnte das Zimmermädchen aus der Pension, dass er ihr erzählt habe, er werde Eisner töten. Am Morgen der Tat soll er ihr gegenüber geäußert haben, dass er einen Revolver mit zwei Schüssen geladen habe.[44]

Die Reaktionen auf Tat und Täter scheinen aus heutiger Sicht sehr ungewöhnlich. So sendete Erhard Auer dem Attentäter Blumen zur Genesung. Er rechtfertigte dieses später als einen Akt der Menschlichkeit.[45]

Auch der Prozess gegen Arco erscheint rückblickend stark politisch beeinflusst gewesen zu sein. Der Vorsatz seiner Tat war durch die Aussagen des Zimmermädchens belegt. Der Staatsanwalt trat wie ein Verteidiger Arcos auf, indem er ihm Vaterlandsliebe als Motiv unterstellte und er sich wünschte, dass alle jungen Leute eine derartige Vaterlandsliebe empfänden.[46] Mit diesem Standpunkt entsprach er zumindest einer Mehrheit des damaligen bayerischen Beamtenapparats.

Arco erhielt die Todesstrafe, aber seine Ehrenrechte wurden ihm nicht aberkannt. Die Stadt feierte ihn als Held und einen Tag danach zu lebenslanger Festungshaft begnadigt. Vier Jahre später folgte seine Entlassung mit der Begründung, seine Tat erfolgte aus Liebe zu Volk und Vaterland.[47]

3. Die politische und gesellschaftliche Situation nach Eisners Tod

Der Mord an Eisner stellte den Auftakt für eine politisch sehr unruhige Zeit in Bayern dar. Es folgten unmittelbar eine große Trauerdemonstration zum Gedenken an Kurt Eisner und ein Generalstreik.[48]

In München kam es zum Machtkampf zwischen dem neu gewählten Landtag und dem Zentralrat der Arbeiter-, Soldaten- und Bauernräte. Johannes Hoffmann, vom Landtag zum neuen Ministerpräsidenten gewählt, musste mit seiner Regierung nach Bamberg flüchten.[49] In der Zwischenzeit hatte der Zentralrat in München die Räterepublik ausgerufen. Die Regierung

---

[43] Vgl. Ebd., S. 4.
[44] Vgl. REISER, Als die Justiz einen Mord beschönigte, S. 27.
[45] Vgl. BEYER, Die bayerischer Räterepublik 1919, S. 184.
[46] Vgl. REISER, Als die Justiz einen Mord beschönigte, S. 27.
[47] Ebd., S. 27.; Vgl. auch Bayerischer Landtag u.a.: „… so muß man jetzt wünschen, daß Eisner noch da wäre", S. 5.
[48] HAFFNER, Sebastian: Die verratene Revolution, S. 185.
[49] Vgl. Anhang, Abb. 1

Hoffmann versuchte zweimal vergeblich durch einen Militärputsch nach München zurückzukehren. Erst Anfang Mai gelang es der ihnen unter Mithilfe des Militärs aus Württemberg und Preußen den Zentralrat zu stürzen und nach München zurückzukehren.[50] Die Bilanz dieser Unruhen: „Bis 6. Mai werden auf beiden Seiten über 600 Tote gezählt. 219 Rotarmisten werden standrechtlich erschossen."[51] Die Monate nach Eisners Tod waren somit von hoher politischer Instabilität und exekutiver Willkür geprägt. In seiner vorbereiteten Rücktrittserklärung resümierte Eisner:

> „Es war unser Ehrgeiz, der Welt zu zeigen, daß [sic!] wir eine gewaltige Revolution friedlich durchführten und sicherten, trotz aller Widerstände irregeleiteter und unaufgeklärter Bevölkerungsschichten."[52]

Der von ihm begonnene Aufbau einer modernen Republik konnte in den Monaten nach seiner Ermordung allerdings nicht fortgesetzt werden. Erst viele Monate später begann die politische Lage sich wieder zu stabilisieren und ermöglichte ein geordnetes Regieren.

C. Gedenken an Kurt Eisner

I. Die Kurt-Eisner-Gedenkplatte

1. Standort

Die Platte befindet sich in der Kardinal-Faulhaber-Straße im Zentrum Münchens, nahe dem Hotel Bayerischer Hof. Es handelt sich bei ihr um eine in den Fußgängerweg eingelassene Metallplatte, auf der die Silhouette Kurt Eisners abgebildet ist. Sie zeigt den Umriss des nach den Schüssen in seinen Kopf zu Boden gesunkenen Ministerpräsidenten, als er auf dem Weg von seinem Amtssitz, dem Palais Montgelas, zum Landtag in der Prannerstraße war.[53] Die Platte befindet sich auf öffentlichem Grund.

Vier, in den Gehweg eingelassene Pfosten, die sowohl vom Material als auch von ihrer Gestaltung her auf die Gedenkplatte abgestimmt sind, verhindern ein Verdecken der Platte durch Fahrzeuge.[54]

2. Gegenstand der Erinnerung

Die Gedenkplatte erinnert an den politischen Mord, der an dieser Stelle vor 93 Jahren stattfand. Dieses wird durch die Inschrift deutlich:

---

[50] Vgl. Bayerischer Landtag u.a.: „… so muß man jetzt wünschen, daß Eisner noch da wäre", S. 5.
[51] Ebd., S. 5.
[52] Ebd., S. 4.
[53] Vgl. LIEDTKE, Rüdiger: 111 Orte in München, die man gesehen haben muss, Köln 2011, S. 118.
[54] Vgl. Anhang, Abb. 3.

„Kurt Eisner, der am 8. November 1918 die bayerische Republik ausrief, nachmaliger Ministerpräsident des Volksstaates Bayern, wurde an dieser Stelle am 21. Februar 1919 ermordet."[55]

Die Platte geht nicht auf seine politischen Leistungen ein, wie die Einführung des Achtstundentages und das Wahlrecht für Frauen, sondern konzentriert sich auf die Ermordung, was durch die Wahl des Standortes untermauert wird. Würde man an Kurt Eisner als ersten bayerischen Ministerpräsidenten erinnern wollen, wäre sein damaliger Amtssitz im Palais Montgelas ein geeigneter Standort. Auch der bayerische Landtag käme hierfür in Frage, entweder mit seinem damaligen Sitz in der Prannerstraße oder an seinem heutigen Sitz in der Max-Planck-Straße. Wolle man an seine Rolle in der Revolution erinnern, so wäre die Theresienwiese ein geeigneter Ort. Durch die Wahl des Standortes für die Gedenkplatte wird ein direkter Bezug auf seine Ermordung genommen.

Eisner steht durch die Inschrift symbolisch für die Zeit unmittelbar nach dem Ersten Weltkrieg mit dem Ende der Monarchie, dem Ausrufen der Republik, die darauf folgende Zeit der Unruhen und ihren politischen Morden. Er dient als Repräsentant für die Zeitspanne vom Anfang des Jahres 1918 mit den Aufständen der Arbeiter, über deren Revolution, bis hin zum politischen Chaos der Räterepublik. Somit erinnert die Kurt-Eisner-Gedenkplatte an einen Umbruch in Politik und Gesellschaft und nicht nur an ihn als Politiker.

3. Künstlerische Gestaltung und deren Wirkungsabsicht

Bei der Gedenkplatte handelt es sich um eine Reliefplatte, die in zwei Teile gegliedert ist. An der Stirnseite zur Straße befindet sich die Inschrift; der zweite, graphisch gestaltete Teil stellt die Silhouette eines am Boden liegenden Mannes dar.[56] Der hervorgehobene Umriss soll Eisner symbolisieren und bildet den Rahmen für die im Inneren diagonal verlaufenden, ebenfalls hervorgehobenen Streifen. Von außen wird die Silhouette von weiteren Metallstreifen begrenzt, die senkrecht zu denen im Inneren des Umrisses liegen. Die Platte erstreckt sich über die gesamte Breite des Fußgängerweges und ist in ihrer Länge so bemessen, dass sie bei einem „normalen" Gehen betreten werden muss.[57] Durch ihre reliefartige Beschaffenheit hebt sie sich von der Pflasterung des übrigen Bürgersteiges ab.

Im Jahr 1988 schrieb die Stadt München einen Wettbewerb zur Gestaltung eines Denkmals für Kurt Eisner aus. Der Vorschlag der Künstlerin Erika Maria Lankes wurde vom Bauausschuss ausgewählt.

---

[55] Vgl. Anhang, Abb. 2.
[56] Vgl. Anhang, Abb. 4.
[57] Vgl. Anhang, Abb. 5.

Bei der Gestaltung musste die Künstlerin auf die räumlichen Beschränkungen und verkehrs-technischen Gegebenheiten Rücksicht nehmen. Die kontroversen Diskussionen in Stadtrat in den Jahren 1985 bis 1988 über ein geeignetes Denkmal für Kurt Eisner lassen den Ein-druck aufkommen, dass die verkehrstechnischen Gegebenheiten in der Kardinal-Faulhaber-Straße nur ein Vorwand waren, um ein Gedenken an dieser Stelle zu verhindern.[58] Erika Maria Lankes entschied sich für eine Gestaltungsform, die an die Steingrabplatten erinnert, die in vielen Kirchen in den Boden eingelassen sind.[59]

Der Künstlerin war bei der Umsetzung wichtig, dass die Persönlichkeit des zu gedenkenden Menschen zum Ausdruck gebracht wird. Elementar sei, dass dieses „[…] frei von jeglicher Art Personenkult[s] oder Ideologie […]"[60] verdeutlicht wird. Sie setzte sich mit Kurt Eisner auseinander, indem sie die Umstände der damaligen Zeit und seine Ziele betrachtete. Sie überlegte, welche Art der Erinnerung ihm gefallen würde und schloss damit alle hoch aufra-genden, Macht suggerierenden Lösungen aus. Es war das Feine, menschlich Bescheidene, das sie in den Vordergrund stellen wollte.

Beim Besuch des vorgesehenen Standortes versuchte sie, sich in Eisners Lage hineinzuver-setzen, in der er sich nach der im Januar 1919 verlorenen Wahl befand. In diesem Zusam-menhang empfand sie die Position, in der er zu Boden gesunken war, als eine für die Platte passende. Seine nach obenhin ausgestreckter Hand empfand sie als Symbol für seine Wut nach der verlorenen Wahl.[61]

> „ Die Mischung dieser Gedanken und Gefühle ließ mich eine Bodenplatte pla-nen, zwar schmal wie ein Grab, aber so breit, dass die Passanten sie betreten müssen und dabei erkennen: Hier an dieser Stelle ist der Politiker und Mensch Kurt Eisner ermordet worden und verblutet."

Im Stadtrat entbrannte eine heftige Diskussion über die Inschrift der Gedenkplatte. Es wurde um einzelne Formulierungen gerungen, so zum Beispiel ob Eisner „erschossen" oder „er-mordet" wurde. Der größte Streitpunkt war die Frage, ob an Eisner als Ministerpräsident des „Freistaats Bayern" oder des „Volksstaats Bayern" gedacht werden solle.[62]

Die Diskussionen im Stadtrat zeigten, dass selbst siebzig Jahre nach Eisners Tod in München und in Bayern noch kein einheitliches Verständnis darüber bestand, wie man Eisner und seinen Leistungen gedenken sollte.

---

[58] Vgl. BADDE, Joseph: Das Kurt-Eisner-Denkmal in der Kardinal-Faulhaber-Straße in München. Der Po-litstreit und die momentane didaktische Realität, München/Ravensburg 12001, S. 10.
[59] LANKES, Erika Maria: Das Denkmal heute. Funktion und künstlerische Umsetzung, in: Baumgärtner, Ul-rich / Fenn, Monika (Hrsg.): Geschichte zwischen Kunst und Politik, München 2002, S. 86.
[60] Ebd., S. 84.
[61] Ebd., S. 85/86.
[62] Vgl. BADDE, Das Kurt-Eisner-Denkmal in der Kardinal-Faulhaber-Straße in München, S. 11-15.

Am 7. November 1989, dem siebzigsten Jahrestags der Revolution, wurde die Kurt-Eisner-Gedenkplatte vom dritten Bürgermeister der Stadt München, Dr. Klaus Hahnzog (SPD) übergeben.[63] Bemerkenswert ist, dass die Übergabe nicht durch der Oberbürgermeister Georg Kronawitter (SPD) beziehungsweise durch den zweiten Bürgermeister Winfried Zehetmeier (CSU) erfolgte.

4. Initiatoren

Die Stadt München hat den Wettbewerb zur Kurt-Eisner-Gedenkplatte in Auftrag gegeben und ist somit der unmittelbare Initiator.

Allerdings ging der Entscheidung des Stadtrats, ein Denkmal für Kurt Eisner zu errichten, eine lange Diskussion voraus, die durch mehrere Aktionen des Vereines „das andere Bayern" begleitet wurden. Der Verein hat sich zum Ziel gesetzt zu zeigen, dass das Geschichtsbild Bayerns nicht nur traditionell und konservativ ist.

Die erste Aktion des Vereins im Zusammenhang mit Kurt Eisner war die Errichtung eines unterirdischen Denkmals im Jahr 1986 anlässlich des siebenundsechzigsten Todestags von Kurt Eisner.[64] Es wurde der Gehweg an der Stelle, an der Eisner ermordet worden war, aufgebrochen, ein Loch ausgehoben und ein Portrait des Politikers vergraben. Anschließend wurde der Gehweg wiederhergestellt.[65] Mit dieser Aktion wollte der Verein auf das unzureichende Gedenken an Kurt Eisner aufmerksam machen:

> „Also ein Denkmal neuen Stils, ein Denkmal, das den Münchnern gerecht wird, wo man nichts sieht, wo man niemanden etwas erklären muss, wo man seinen Zamperl drüber führen kann, wo man also überhaupt nichts sieht."[66]

Im Februar 1988 folgte eine weitere Aktion mit dem „Stein des Anstoßes"[67]. Es wurde ein Granitstein mit der Aufschrift „Kurt Eisner" mit Klebstoff bestrichen und auf den Gehweg geklebt. Auch dieses erfolgte an der Stelle Eisners Ermordung. Die Aktion war nicht genehmigt und deshalb wurde der Stein umgehend von der Stadt entfernt.[68]

Durch ihre Aktionen hat der Verein „das andere Bayern" auf die Problematik hinsichtlich der Erinnerung an Kurt Eisner aufmerksam gemacht. Durch die ungewöhnliche Vorgehensweise und das erzeugte Medienecho wurde der Druck auf die Stadt erhöht, zu handeln. Insoweit kann auch der Verein „das andere Bayern" als Initiator mit angesehen werden.

---

[63] Ebd., S. 87.
[64] Anhang, Abb. 6.
[65] Vgl. Anhang, Abb. 14, Interview mit W. K..
[66] Ebd.
[67] Anhang, Abb. 7.
[68] Vgl. MESSOW, Hannelore: Der Stein des Anstoßes. In: Stern, 19 (1988), S. unbekannt.; Vgl. auch Anhang, Abb. 14, Interview mit W. K..

5. Problematiken der Gedenkplatte

Auch nachdem die Gedenkplatte in der Kardinal-Faulhaber-Straße errichtet wurde, ist die Diskussion um ein angemessenes Erinnern an Eisner nicht verstummt.

Zum einen wird die Gedenkplatte als solches problematisiert. Es gibt Stimmen, die das Material kritisieren; es wurde das Material feudaler Reiterstandbilder verwendet.[69] Im Gegensatz dazu steht die erklärte Absicht der Künstlerin „auf hochaufragende, Macht suggerierende Lösungen zu verzichten."[70]

Ein weiterer Punkt der Kritik ist, dass die Gedenkplatte permanent „mit Füßen getreten" wird. Das von der Künstlerin gewollte „Drauftreten", damit man auf die Platte aufmerksam wird, wird von einigen auch als respektloses und entwürdigendes Verhalten gegenüber Kurt Eisner aufgefasst.[71]

Durch das Platzieren der Gedenkplatte auf dem Boden wird sie durch den üblichen Dreck der Straßen verschmutzt und im Winter teilweise durch Schnee verdeckt. Würde sie sich an einer Wand befinden, bestünde dieses Problem nicht.

Im Zusammenhang mit dem angemessenen Erinnern an Eisner wird gelegentlich kritisiert, dass nicht seine gesamten politischen Leistungen durch die Gedenkplatte gewürdigt werden.

II. Einordnung der Kurt-Eisner-Gedenkplatte als Erinnerungsort

1. Definitionen

Im Rahmen dieser Arbeit soll überprüft werden, ob es sich bei der Kurt-Eisner-Gedenkplatte um einen Erinnerungsort handelt. Das Konzept des „Erinnerungsorts" geht auf den französischen Historiker Pierre Nora zurück. Für den deutschen Kulturraum definieren Etienne François und Hagen Schulze einen Erinnerungsort als einen langlebigen, Generationen überdauernden Kristallisationspunkt kollektiver Erinnerung und Identität. Erinnerungsorte sind eine Metapher. Sie definieren sich nicht durch ihre materielle Gegenständlichkeit sondern durch ihre symbolische Funktion.[72] Erinnerungsorte sollen vielfältige Perspektiven auf die Vergangenheit im Spiegel der Erinnerungen ermöglichen und können dabei sowohl „bedeutende" als auch „triviale" Themen umfassen.[73]

---

[69] Vgl. Anhang, Abb. 14, Interview mit W. K..
[70] LANKES, Erika Maria: Das Denkmal heute. S. 85.
[71] Vgl. Anhang, Abb. 5.
[72] Vgl. FRANÇOIS, Etienne / SCHULZE, Hagen: Einleitung. in: François, Etienne / Schulze, Hagen (Hrsg.): Deutsche Erinnerungsorte I., München 12001, S. 17/18.
[73] Ebd., S. 19.

Für die Kurt-Eisner-Gedenkplatte trifft die Definition von Erinnerungsorten nach François und Schulze zu. Der Ort des politischen Attentates steht nicht nur für den Mord. Eisner dient als Metapher für den Umbruch in Gesellschaft und Politik nach dem Ersten Weltkrieg, die Revolution mit dem Ende der Monarchie in Bayern und einer zu der damaligen Zeit nicht mehrheitsfähigen Meinung zur Kriegsschuldfrage. Er war es, der den identitätsstiftenden Begriff des Freistaats in die Realität umsetzte, der bis heute noch die Selbstwahrnehmung vieler Bayern mitbestimmt. Die Vielfältigkeit der Perspektiven auf die Vergangenheit wird von der Gedenkplatte nicht im vollen Umfang genutzt. Durch die Inschrift wird nur auf einen Teil des politischen Wirkens von Eisner hingewiesen. Andererseits wird durch die künstlerische Gestaltung als im Boden eingelassene Reliefplatte in einer eher unüblichen Art und Weise an ihn erinnert. Damit wird man ihm in seinem Wesen wiederum gerecht.

Eine abweichende Definition nehmen Alois Schmid und Katharina Weigand für „Schauplätze der Geschichte in Bayern" vor. Sie gehen von festgelegten, geographischen Orten aus, an denen Ereignisse stattfanden, die für die bayerische, deutsche oder gar europäische Geschichte von Bedeutung waren. Die Auswirkungen müssen bis in die Gegenwart zu spüren sein.[74]

In diesem Sinne ist die Kurt-Eisner-Gedenkplatte neben einem „Erinnerungsort" auch ein „Schauplatz der Geschichte in Bayern". An einem eindeutig zu definierenden Ort fand hier mit dem Attentat auf Eisner ein Ereignis statt, dessen Auswirkungen auf die bayerische Geschichte unzweifelhaft sind. Unmittelbare Folge war, dass Erhard Auer aufgrund seiner Verletzungen nicht mehr als Kandidat für das Amt des Ministerpräsidenten zur Verfügung stand. Die Schießerei im Landtag und das folgende Machtvakuum führten in den folgenden Monaten zum Machtkampf zwischen den Räten und der nach Bamberg geflohenen Regierung unter Hoffmann. Es herrschten bürgerkriegsähnliche Zustände in Bayern.

2. Befragung auf dem Münchner Marienplatz

Nachdem im vorherigen Abschnitt die Einordnung der Gedenkplatte in das theoretische Konzept des „Erinnerungsorts" beleuchtet wurde, soll nun anhand einer Befragung das vorhandene Wissen über Kurt Eisner ermittelt werden.

Zu diesem Zweck wurden am 24. März 2012 und am 19. Mai 2012 insgesamt 54 Personen mittels eines vorbereiteten Fragebogens interviewt.[75] Um ein repräsentatives Ergebnis zu erhalten, wurden Personen aus sämtlichen Altersgruppen und sozialen Schichten befragt. Sie

---

[74] Vgl. SCHMID, Alois / WEIGAND, Katharina: Einleitung. in: Schmid, Alois / Weigand, Katharina (Hrsg.): Schauplätze der Geschichte in Bayern, München 2003, S. 7-10.
[75] Vgl. Anhang, Abb. 10.

wurden gebeten, Angaben zu ihrem Wohnort zu machen, um bei der Auswertung eventuelle geographische Unterschiede zu ermitteln.

Als erstes wurde gefragt „Wer war Kurt Eisner?"[76]. Mit dieser Frage sollte festgestellt werden, in wie weit die befragten Personen überhaupt ein Wissen über Eisner haben. 94% der im Ausland Wohnenden gaben an, kein entsprechendes Wissen zu haben. Bei den Gruppen der in Deutschland Wohnenden und der in München Wohnenden betrug dieser Anteil jeweils 50 %. Bei den jeweils verbleibenden 50 %, die vorgaben, Eisner zu kennen, stellte sich heraus, dass mehrheitlich ein falsches Wissen vorhanden war. In diesen beiden Gruppen war nur etwa jeder Fünfte in der Lage, Kurt Eisner einzuordnen. Damit wird deutlich, dass Eisner im Ausland nahezu vollständig unbekannt ist, während seine Bekanntheit in München und in Deutschland höher liegt. Auffällig ist die gleichhohe Bekanntheit bei den in Deutschland Wohnenden und den in München Wohnenden.[77]

Mit der zweiten Frage wurde die Bekanntheit der Gedenkplatte ermittelt.[78] Bei hier gab sich eine abweichende Verteilung. In den beiden Gruppen der im Ausland Wohnenden und der in Deutschland Wohnenden gaben jeweils sieben von acht Befragten an, nichts über die Existenz der Kurt-Eisner-Gedenkplatte zu wissen. In der Gruppe der in München Wohnenden waren es nur drei von vier Befragten, denen die Gedenkplatte unbekannt war. Das Ergebnis zeigt, dass die Gedenkplatte relativ unbekannt ist, unabhängig davon wo die Befragten wohnten. Wenngleich bei den vor Ort in München Wohnenden die Bekanntheit der Platte relativ höher ist, so ist das Niveau insgesamt als niedrig anzusehen.

Mit der letzten Frage wurde untersucht, ob das Attribut „Freistaat" eine wahrnehmbare Veränderung für Bayern hatte.[79] Die gegebenen Antworten wurden vier verschiedenen Rubriken zugeordnet, mit denen erfasst werden sollte, ob keine Veränderung wahrgenommen wurde, Veränderungen nur im politischen Bereich, Veränderungen in der Einstellung der bayerischen Bevölkerung oder kein Wissen zu diesem Thema vorhanden ist. Die Ergebnisse fallen sehr heterogen aus. In der Gruppe der in München Wohnenden werden die Veränderungen im politischen Bereich mit 42 % am häufigsten genannt, dicht gefolgt von den Veränderungen in der Einstellung. In der Gruppe der in Deutschland Wohnenden gaben zwei von drei Befragten an, Veränderungen in der Einstellung wahrgenommen zu haben. Bei den im

---

[76] Vgl. Anhang, Abb. 11.
[77] Aufgrund der sehr geringen Anzahl der Befragten, die Eisner richtig zuordnen konnten, kann kein statistischer Unterschied zwischen den in Deutschland Wohnenden und den in München Wohnenden belegt werden.
[78] Vgl. Anhang, Abb. 12.
[79] Vgl. Anhang, Abb. 13.

Ausland Wohnenden gab die Hälfte an, kein Wissen hierzu zu haben und ein Drittel der Befragten sahen Veränderungen im politischen Bereich.

Zusammenfassend kann festgehalten werden, dass nur ein sehr geringes Wissen über Kurt Eisner vorhanden ist. Noch weniger ist über die Gedenkplatte bekannt. Der von Eisner zum ersten Mal für Bayern verwendete Begriff „Freistaat" hingegen ist recht bekannt, wobei die Interpretation stark variiert.

III. Die Schwierigkeiten des Erinnerns an Kurt Eisner in München

1. Formen des Erinnerns vor Errichtung der Gedenkplatte

Die Entstehungsgeschichte der Gedenkplatte war von vielen Kontroversen begleitet, was exemplarisch für die Schwierigkeiten im Umgang mit der Erinnerung an Eisner steht.

Die Betroffenheit in Teilen der Bevölkerung über den Tod Eisners war groß. Bereits direkt nach Eisners Ermordung hielten Trauernde Münchner eine Mahnwache und legen Kränze nieder. Seiner Beerdigung am Münchner Ostfriedhof wohnten 100 000 Bayern bei.[80]

Ihm zum Gedenken wurde am Palais Montgelas eine Tafel angebracht und im Jahre 1922 auf den Ostfriedhof ein Denkmal zur Erinnerung an die Toten der Revolution errichtet, in das seine Urne eingebettet wurde.[81] Kurz nach der Machtergreifung Hitlers wurde 1933 die Tafel abgehängt, sein Grabmal am Ostfriedhof zerstört und seine Urne auf den Neuen Israelitischen Friedhof gebracht.

Nach dem Zweiten Weltkrieg wurde 1958 das zerstörte Grabmal wiedererrichtet. Auf eine explizite Nennung Kurt Eisners wurde dabei verzichtet. Nach heftigem Streit zwischen der SPD und der CSU wurde 1969 eine neue Tafel am Palais Montgelas eingeweiht, musste aber aufgrund des Widerspruchs des Hauseigentümers kurze Zeit später wieder entfernt werden.

Einem Antrag der SPD im Jahre 1969, eine Straße in Neuperlach nach Kurt Eisner zu benennen, entfachte erneut einen Streit im Stadtrat. Die CSU lehnte den Antrag mit der Begründung ab, Rücksicht auf die Gefühle der Witwe des Attentäters nehmen zu wollen.

1973 wurde ein erneuter Versuch unternommen, eine Platte an der Wand des Palais Montgelas anzubringen, dieses scheitert wieder an der Verweigerung des Hauseigentümers. Daraufhin wurde die Platte an den Trambahngleisen am Promenadeplatz angebracht.

---

[80] Vgl. HARTMANN, Münchens Weg in die Gegenwart, S. 189.
[81] Vgl. GRAU, Bernhard: Beisetzung Kurt Eisners, München, 26. Februar 1919, in: Historisches Lexikon Bayerns, www.historisches-lexikon-bayerns.de [02.11.2012].

Durch die Aktionen „unterirdisches Denkmal" und „Stein des Anstoßes" machte der Verein „das andere Bayern" erneut auf das Thema „Erinnerung an Kurt Eisner" in München aufmerksam.

1989 wurde von Initiatoren des Vereins „das andere Bayern" die Kurt-Eisner-Kulturstiftung gegründet.[82]

2. Formen des Erinnerns nach Errichtung der Gedenkplatte

Der Stadtrat beschloss 2008 einen Wettbewerb zur Gestaltung eines Denkmals an Kurt Eisner am Oberanger, es wurde eine Skulptur mit mehreren gläsernen Elementen errichtet, auf denen ein Zitat von Eisner zu lesen ist.

2009 wurde von dem Verein „das andere Bayern" und der Kurt-Eisner-Kulturstiftung im Rahmen einer öffentlichen Aktion ein Portrait Eisners in die Staatskanzlei[83] getragen, mit der Bitte es in die Galerie der bayerischen Ministerpräsidenten mit aufzunehmen.[84] Diese Bitte wurde mit der Begründung abgelehnt, dass nur Ministerpräsidenten nach 1945 gezeigt werden.[85]

Im Mai 2009 starten W. K. und Ruth Oppl eine Kunstaktion, bei der sie den Marienhof in München in Kurt-Eisner-Platz umbenennen wollen.[86] Der Forderung der Künstler wurde nicht entsprochen.[87]

Die Aufzählung der verschiedenen Ansätze zur Erinnerung an Kurt Eisner zeigen, dass sich auch noch viele Jahrzehnte nach seinem Tod die Stadt und ein großer Teil der Bevölkerung sich mit der Einordnung von Eisner schwer tun. So wenig er zu seinen Lebzeiten der Norm eines Politikers entsprach, so sehr gingen die Meinungen über ihn auseinander. Seine Person wurde mit Begriffen wie „Kommunist", „Pazifist", „Vaterlandsverräter" oder „Gründer der Freistaats" belegt.

---

[82] Vorgenannte Informationen basieren zum Teil auf Materialien, die von W. K. anlässlich des Interviews zur Verfügung gestellt wurden.

[83] Anhang, Abb. 8.

[84] Vgl. GÖRL, Wolfgang: Gedenkmarsch mit Polizeibegleitung. Beamte halten Aktion zur Erinnerung an Kurt Eisner für Demonstration. In: Süddeutsche Zeitung, 23.02.2009, S. unbekannt.

[85] Vgl. Anhang, Abb. 14.

[86] Vgl. Anhang, Abb. 9.; Vgl. auch GÖRL, Wolfgang: Revolutionäres Gedenken. Initiative will Marienhof in Kurt-Eisner-Platz umtaufen. In: Süddeutsche Zeitung, 20. / 21.05. 2009, S. unbekannt.

[87] Vorgenannte Informationen basieren zum Teil auf Materialien, die von W. K. anlässlich des Interviews zur Verfügung gestellt wurden.

D. Fazit

Bei der Kurt-Eisner-Gedenkplatte handelt es sich nach der Definitionen sowohl um einen „Erinnerungsort" als auch einen „Schauplatz der Geschichte in Bayern". Seine Gestaltung ist sehr unspektakulär und eher unauffällig, was zum Teil auch die geringe Bekanntheit bei den befragten Passanten erklären mag. Andererseits war es auch die künstlerische Intention von Erika Maria Lankes, kein monumentales Denkmal zu schaffen.

Trotzdem ist es wichtig und richtig an Kurt Eisner zu erinnern, auch wenn dieses in München erst mit siebzigjähriger Verspätung erfolgte. Kurt Eisner steht als Repräsentant für die Zeit nach dem Ende des Ersten Weltkriegs. Er ist ein Symbol der Revolution in Bayern, Gründer des Freistaats und sein erster Ministerpräsident. Er hatte damit eine staatliche Funktion, an die zu erinnern ist, unabhängig von dem individuellen politischen Standpunkt. Auch ist es nicht wichtig, seit wann an Kurt Eisner erinnert wird, sondern dass an ihn erinnert wird. Diese Erinnerung ist aufrechtzuerhalten, weshalb in bayerischen Schulen mehr über die Zeit zwischen den Weltkriegen gelehrt werden sollte.

Mit den Worten von Herrn K.:

> „[…] erinnern ist ein aktives Verb, es ist kein passives und deswegen muss man was tun […]"[88]

Uns sollte mit der eigenen Geschichte nicht nur ein passives Erinnern sondern ein aktives Wahrnehmen verbinden. Revolution bleibt immer ein aktuelles Thema, wie sich im Nahen Osten und Norden Afrikas zeigt. Auch die erfolgreiche Revolution in Bayern ist dafür ein gutes Bespiel, an das erinnert werden sollte.

---

[88] Interview mit W. K., vom 10.10.2012, Vgl. Anhang Abbildung 11.

Anhang

Abb. 1: Verlegung des Landtages unter Hoffmann nach Bamberg[89]

Abb. 2: Inschrift der Kurt-Eisner-Gedenkplatte[90]

---

[89] Eigenes Bild.
[90] Eigenes Bild.

Abb. 3: Die Kurt-Eisner-Gedenkplatte in der Kardinal-Faulhaber-Straße in München[91]

Abb. 4: Die Kurt-Eisner-Gedenkplatte[92]

---

[91] Eigenes Bild.
[92] Eigenes Bild.

Abb. 5: Notwendigkeit des Betretens[93]

Abb. 6: Aktion des „Anderen Bayerns" zur Schaffung eines unterirdischen Denkmals[94]

---

[93] Eigenes Bild.
[94] Privatbesitz von W. K..

Abb. 7: Aktion des „Anderen Bayerns" Bekleben des Gehwegs mit einem „Stein des Anstoßes" zum Gedenken an Kurt Eisner[95]

Abb. 8: Kranzniederlegung und anschließendes Bringen des Portraits in die Staatskanzlei[96]

---

[95] Privatbesitz von W. K..
[96] Privatbesitz von W. K..

Abb. 9: Straßenschild, das für die Umbenennung des Marienhofs in Kurt-Eisner-Platz von Vertretern des Vereins „das andere Bayern" und der Kurt-Eisner-Kulturstiftung geplant war[97]

---

[97] Eigenes Bild.

Abb. 10: Fragebogen zur empirischen Untersuchung:[98]

Empirische Befragung: Erinnerungsorte in München

Befragte Person:

- in München wohnhaft
- aus Deutschland kommend
- im Ausland lebend

1. Wer war Kurt Eisner?

2. Kennen Sie die Kurt-Eisner-Gedenkplatte in München und welche Einstellung haben Sie bezüglich dieser?

3. Hat sich dadurch, dass Bayern ein Freistaat wurde, etwas verändert?

Befragung: Marienplatz, München

---

[98] Selbst erstellter Fragebogen.

Abb. 11: Ergebnis der Befragung zur Bekanntheit von Kurt Eisner[99]

Wer war Kurt Eisner?	richtig	falsch	kein Wissen
München	2	4	6
Deutschland	6	7	13
Ausland	1	0	15
München	*17%*	*33%*	*50%*
Deutschland	*23%*	*27%*	*50%*
Ausland	*6%*	*0%*	*94%*

Abb. 12: Ergebnis der Befragung zur Bekanntheit der Kurt-Eisner-Gedenkplatte[100]

Kenntnis über die Existenz der Kurt-Eisner-Gedenkplatte	Ja	Anderweitige Informationen über K. Eisner	kein Wissen über K. Eisner
München	2	1	9
Deutschland	2	2	22
Ausland	1	1	14
München	*17%*	*8%*	*75%*
Deutschland	*8%*	*8%*	*85%*
Ausland	*6%*	*6%*	*88%*

Abb. 13: Ergebnis der Befragung zur Bedeutung des „Freistaats"[101]

Hat sich dadurch, dass Bayern ein Freistaat wurde, etwas verändert?	Nein	Ja, politisch	Ja, in der Einstellung	kein Wissen
München	1	5	4	2
Deutschland	3	4	16	3
Ausland	0	5	3	8
München	*8%*	*42%*	*33%*	*17%*
Deutschland	*12%*	*15%*	*62%*	*12%*
Ausland	*0%*	*31%*	*19%*	*50%*

---

[99] Eigene Auswertung.
[100] Eigene Auswertung.
[101] Eigene Auswertung.

Abb. 14: Interview zur Kurt-Eisner-Gedenkplatte mit W. K.[102]

Interview mit W. K.

Datum: 10. Oktober 2012

Uhrzeit: 14.00 Uhr […]

Welche Stellung nehmen Sie jetzt im Verein ein? […] Vorstand […]

Wie ist der Verein darauf gekommen sich mit Eisner auseinanderzusetzen und nicht jemandem anderen? […] Begriff Freistaat Stammt original von ihm (Anm. d. Verf. gemeint ist Kurt Eisner) und ist aber heute besetzt von der Staatsregierung, die aber auf der anderen Seite eigentlich die Erinnerung an ihn ständig unterdrückt und verleugnet und so tut als ob sie die Erfinder des Begriffs Freistaats Bayern wären, was aber einfach nicht stimmt […]. Dazu kommt, das war zwei Tage vor Berlin […] Bayern könnte eigentlich darauf stolz sein einmal die Nase vorne gehabt zu haben in der deutschen Geschichte und eine unblutige Revolution, eine unblutige, demokratische Revolution […]. Wäre im Prinzip in einer demokratischen Gesellschaft ein Grund darauf stolz zu sein, ist es aber im Gegenteil eben nicht sondern haben diese Geschichte ständig verleugnet und unterdrückt und dieser Verein das andere Bayern will natürlich genau die Geschichte die im Sinne einer demokratischen humanistischen Tradition zu sehen ist genau die ins Bewusstsein rücken und nicht nur diese andere verlogene pseudo Geschichte.

Wieso wurde diese Stelle, an der er ermordet wurde, für die Platte ausgesucht?

Dies war ein Fememord von nationalistischen, antisemitischen Rechtsextremisten […] wurde späterhin hoch geehrt bei den Nazis und wurde unter Personalchef der Lufthansa. Wurde nach kürzester Zeit aus den Gefängnis entlassen und an dieser Stelle wurde unmittelbar nach seiner Ermordung ein temporäres Denkmal errichteten […]. Und an dieser Stelle erinnert nichts. Mit der Ermordung von Kurt Eisner wurde die Geschichte in Bayern wirklich auf eine ganz fatale Art und Weise verändert und gestört und es war ab da dann eigentlich der Marsch in die Diktatur […] Kurt Eisner war nicht nur den Nazis und Nationalisten in

---

[102] Interview mit W. K., Vorsitzender des Vereins „das Andere Bayern", am 10.10.2012 um 14.00 Uhr in München.

höchstem Maße verhasst, sondern Kurt Eisner ist auch heute noch bei den Konservativen in diesem Land unbeliebt, also man will sich damit eigentlich nicht befassen […] nach 1945 […] wurde wieder versucht dort ein Erinnerungszeichen anzubringen das wurde mehrfach abgelehnt von der CSU und so weiter […]und haben 1986 das erste Mal eine Aktion gemacht […] und zwar haben wir ein unterirdisches Denkmal errichtet, das heißt wir haben das Pflaster aufgehackt und haben ein unterirdisches Denkmal unter das Pflaster versenkt, also ein Portrait von ihm in ein Zielrohrvisier, das man normalerweis auch für individuelle Schusswaffen hat, und haben dieses Portrait dann zusammengefaltet, in die Erde getan und darauf wieder Pflaster. Also ein Denkmal neuen Stils, ein Denkmal, das den Münchnern gerecht wird, wo man nichts sieht, wo man niemanden etwas erklären muss, wo man seinen Zamperl drüber führen kann, wo man also überhaupt nichts sieht. Dafür bekamen wir Strafanzeige und so weiter, und haben dann 1988 ein oberirdisches Denkmal angebracht. Wir haben einen Granitstein […] dort aufs Pflaster geklebt, mit der Aufschrift „Kurt Eisner". Dieser Stein wurde auch umgehend entfernt und wir haben ihn dann später dem […] Bürgermeister Kronawitter geschenkt, in der Hoffnung, dass der Stein zu irgendeiner dann auch Zeit dort oberirdisch angebracht werden könnte. Wo der Stein heute ist, weiß ich nicht. Er ist vermutlich im Stadtarchiv.[…] Und dann wurde ein paar Jahre danach, nicht von uns, sondern das wurde von der Stadt in Auftrag gegeben diese Gedenkplatte […] wurde dann dort angebracht und ich finde dieses Denkmal aber höchst problematisch, weil man zum Beispiel bei Schnee davon überhaupt nichts sieht. Dort wird auch nichts gemacht und es wird auch nie zu einem Jahrestag der Ermordung dort von der Stadt oder von der Landesregierung ein Kranz niedergelegt, das haben wir dann ab und zu öfter gemacht (Anm. d. Verf. gemeint ist der Verein das andere Bayern) unter anderem 2009 haben wir dann einen Kranz, das war der 90 Jahrestag der Ermordung haben wir dort einen Kranz niedergelegt mit einer Gedenkschleife und Blumen und haben dann ein Portrait von Kurt Eisner in die Staatskanzlei getragen, wurden da von der Polizei eskortiert, die uns erst hindern wollte, wurden dann von berittener Polizei eskortiert bis zur Staatskanzlei und zwar war unser Anliegen Folgendes: In der Staatskanzlei sind diverse Ministerpräsidenten des Landes Bayern und Kurt Eisner natürlich nicht […]. Also haben wir das dort angebracht und haben es der Staatskanzlei geschenkt, dieses Portrait mit der Bitte dieses Portrait dort anzubringen […] mit der Begründung, wenn man nämlich Ministerpräsidenten vor 1945 dort zeigen würde, dann müsste man auch Herrn, von Kar, Ritter von Kar dort zeigen, der in den 20er Jahren bayrischen Ministerpräsident kurzzeitig war und der sich dann mit den Nazis eingelassen hat und deswegen wolle man ihn angeblich nicht zeigen. Wir haben dann der Staatskanzlei zurückgeschrieben, wir finden es gar nicht so falsch wenn man auch den Herrn von Kar dort aufhängen würde in einer Reihe aber vielleicht etwas tiefer und mit einem Kommentar, was es denn für fatale Wirkungen hat, wenn man sich mit den Nazis einlässt. Aber bis heute ist das nicht gemacht worden, dies Portrait und schlummert wahrscheinlich irgendwo in den Archiven der Staatskanzlei.

Und wieso hat sich vor allem die CSU so gewährt, ein Denkmal für Kurt Eisner zu errichten?

Sie haben natürlich allerlei völlig falsche Begründungen gebracht, also zum Beispiel er sei Kommunist gewesen, was er nicht war. Der wirkliche Grund dürfte sein, dass sie bis heute nicht in der Demokratie angekommen sind und dass sie es nicht verstehen, dass die Demokratie etwas ist, dass erkämpft wurde, gegen die Diktatur des Adels und sie hätte wahrscheinlich lieber bis heute noch ein bisschen Monarchie, weshalb auch der Herr Seehofer und alle bayerischen Ministerpräsidenten den Chef des Hauses Wittelsbach als eure königliche Hoheit ansprechen, was eigentlich verfassungswidrig ist, denn es gibt keine königliche Hoheit, wir sind keine Monarchie, sondern wir sind eine Demokratie und da gibt es keine königliche Hoheit aber sie pflegen das und ich (Anm. d. Verf. gemeint ist Herr K.) denke, aber dies ist ein Zeichen dafür, dass sie es noch nicht verstanden haben, was Demokratie eigentlich bedeutet.

Wenn der Nachteil der Platte unter anderem ist, dass sie bei zum Beispiel im Winter manchmal schneebedeckt ist, fänden sie es besser, wenn eine Art Monument erbaut würde? Oder in welcher Form sollte die Erinnerung sein?

In einer gut sichtbaren Art und Weise, auf Augenhöhe, oberirdisch, dass könnte man machen mit einer Tafel an der Wand, das könnte man aber auch machen mit zum Beispiel einer Lichtinstallation wo man das Portrait an die Wand projiziert und einem Text in Deutsch und Englisch. Also mit visuellen Methoden, die der heutigen Wahrnehmung entsprechen. Eine Bronzetafel finde ich nicht so toll, weil dies ist die Hardware der feudalen Reiterstandbilder, man könnte das also mit einer Projektion machen, man das könnte mit einer Inschrift machen an der Wand, die beleuchtet ist, und mit einem Text in Deutsch und Englisch, damit auch Besucher der Stadt das verstehen was da eigentlich geschehen ist.

[...]

Haben sie durch die Aktionen irgendwie positive oder negative Resonanz bekommen? Und in welcher Art?

Fangen wir mit der negativen Resonanz an. Wir wurden von der Polizei belästigt nachdem wir das unterirdischen Denkmal dort angebracht haben wegen Sachbeschädigung und unangemeldeter Versammlung et cetera et cetera oder eben auch wie wir das Foto in die Staatskanzlei gebracht haben wo uns auch die Polizei eskortiert hat und geschaut hat, dass wir nichts machen was Sachen irgendwie stören könnte.

Positiv sicher einige Zuschriften, einige Presse, Aufmerksamkeit, einige Öffentlichkeit und als gemäßigter Optimist, gehe ich (Anm. d. Verf. gemeint ist Herr K.) auch davon aus, dass der eine oder andere verstanden hat, worum es da geht und ein paar Menschen [...] wahrgenommen haben, was da war und es vielleicht ein bisschen ins Bewusstsein gerückt ist und auch die Stadt und auch die SPD, die auch sehr abstinent war, das hat historische Gründe, angefangen hat darüber nachzudenken, wie man eine würdige Gedenksituation in diesem Land schaffen könnte, aber es ist noch weit entfernt von dem, was wir eigentlich erreichen wollen.

Würden Sie sagen, dass die Gedenkplatte seit dem Errichten die Rolle hat, die sie haben sollte, oder ist es eher eine andere Rolle als ursprünglich beabsichtigt war?

Naja gut es sind selbst durch die jetzige Platte, die dort sich befindet, sind sicher, und das kann man ja da beobachten ein paar Irritationen entstanden, wenn da jemand geht, dann schaut er schon mal dahin, aber es ist schon in der Art gemacht, wie es in München üblich ist, möglichst unauffällig also da gibt es schon eine Reihe an Denkmälern, die keiner kennt [...] man hat zwar eine Hausaufgaben erledigt, aber so miserabel, dass sie wirklich nicht ins Auge fällt.

Wird durch diese Platte aus ihrer Sicht an den Politiker und Gründer des Freistaats oder an den Mord erinnert?

So wie die ästhetische Form jetzt aussieht, wie es jetzt da liegt, ist es sicher keine angemessene, inhaltliche Erinnerung an den Gründer der Freistaats Bayern, mit seinen sozialen, pazifistischen und demokratischen Idealen. Er war wirklich ein Pazifist er hat den Völkerbund begrüßt, er hat die Rolle Deutschlands bei dem Beginn des Ersten Kriegs entsprechend deutlich gemacht, er hat Streiks der Rüstungsarbeiterinnen durchgeführt und saß dafür im Gefängnis. All dieses wird dort natürlich in gar keiner Weise reflektiert, sondern eigentlich liegt da der Umriss eines Menschen, der ermordet worden ist. Und das ist schon eine sehr problematische Form. Und das neue Denkmal am Oberanger ist ein völliger Käse [...] er hat natürlich sehr viel mehr gesagt, er hat gegen Militarismus, gegen Nationalismus und so weiter argumentiert und diesen einen Satz da rauszunehmen als wäre es ein Satz aus der Predigt eines Pfarrers in der Kirche, besagt überhaupt nichts über seine inhaltliche Zielsetzung und dass ist mehr als beschämend.

An der Platte hat der bayerische Staat mitgewirkt, nicht zuletzt, weil er durch den Verein immer wieder daran erinnert wurde, dass ein Denkmal errichtet werden muss, oder?

Ja sicher, das waren unsere Aktionen die eine große Öffentlichkeit fanden in der Presse damals 86-88. Und es war nicht der Freistaat Bayern, es war nicht die Staatsregierung, es war die Stadt München, die dann dort diese Gedenktafel angebracht hat [...] das war eine städtische Angelegenheit. Die CSU war damals auch dagegen, die wollten das überhaupt nicht, sie haben behauptet, er hätte nicht den Begriff Freistaat, sondern den Begriff Volksstaat begründeten und Freistaat wäre eine Erfindung der Konservativen, was nicht stimmt, sie haben wiederum behauptet, er sein Kommunist gewesen, was nicht stimmt, die CSU ist auf städtische und Landesebene nicht in der Lage die historischen Fakten zu Kenntnis zu nehmen.

Wissen sie, wie es zu dem Wandel kam, dass doch eine Platte errichtet wurde? [...] Es gab im Stadtrat eine große Diskussion, es wurde von einigen SPD- Stadträten beantragt, dass man dort ein Erinnerungszeichen macht. Es wurde abgelehnt vom Eigentümer, an der Wand etwas anzubringen. Die CSU hat heftig dagegen polemisiert aber es bestand eine SPD Mehrheit im Stadtrat und die hat es dann durchgesetzt, dass diese Bodenplatte dort angebracht wurde. Das ist ja auf kommunalem Grund […] kann die Stadt etwas machen […] aber erst nach längerer Diskussion.

Wie empfinden sie die Wirkungsweise (mit dem Drauftreten)? Finden sie diese angemessen?

Es ist besser als nichts, aber es ist nicht gut. Es ist nicht angemessen, weil angemessen wäre, dort etwas zu vermitteln, von dem was er wirklich wollte, was seine Zielsetzung war, was dort wirklich geschehen ist. Es wirkt wirklich wie eine Polizei Markierung eines Mordes, aber er wurde ja nicht nur ermordet, er hat ja vorher etwas realisiert hat, was bis heute nachwirkt. Und daran zu erinnern müsste eigentlich anders aussehen, es müsste auf Augenhöhe und inhaltlich informativ sein. Diese Bodenplatte ist eine Irritation aber die Wirkung ist eher bescheiden, ungenügend also ich (Anm. d. Verf. Herr K.) finde es nicht adäquat.

Gibt es noch etwas, was ich zu Eisner Wissen sollte?

[…] Es gibt einen Akt im Staatsarchiv zu Kurt Eisner von der Polizeidirektion wo zum Beispiel vermerkt ist, welche antisemitischen Beschimpfungen stattfanden. Der SPD-Vorsitzende Erhard Auer hat ihn als Ost-Juden Kosmanowsky bezeichnet, was überhaupt nicht stimmt, also es gibt in seiner ganzen Verwandtschaft erstens keinen Ostjuden, und zweitens niemanden der Kosmanowsky heißt. Eine absolute Erfindung die später von den Nazis übernommen aber erfunden wurde es von der SPD. […] Er (Anm. d. Verf. gemeint ist Erhard Auer) wurde von den Nazis völlig unbelästigt gelassen. Erhard Auer lebte dann irgendwo in der Nazizeit im Rheinland wohlbehütet und völlig in Ruhe gelassen von den Nazis. Und dass heute dieser Glaskasten ausgerechnet in der Nähe des SPD Quartiers am Oberanger steht ist einfach nur absurd. Wo es nichts zu suchen hat also es gäbe viele andere Orte am Mathäser oder an der Theresienwiese oder in der Nähe der heutigen Pinakothek der Moderne da an der Türkenstraße, wo die Türkenkaserne war wo er zusammen mit Erich Mühsam hingegangen ist und die Soldaten aus der Kaserne rausgekommen sind und die Waffen weggeworfen haben und Revolution gemacht haben. Überall, könnte man das machen aber ausgerechnet dort, wo kein Mensch vorbeikommt, also am Oberanger da geht kein Mensch zu Fuß, da fahren die Autos vorbei, da schaut niemand hin, also ausgerechnet da zu platzieren, zeigt wie unfähig die heutige Stadt Regierung immer noch ist eine adäquate Erinnerung, die die Bedeutung Kurt Eisners reflektiert in dieser Stadt zu errichten. 2009 gab es dann einen Wettbewerb zum Denkmal am Oberanger und da habe ich zum Beispiel vorgeschlagen den Marienhof, hinterm Rathaus, der erst nach 1945 entstand [...] Wenn man, die Bedeutung der Revolution 1918 und die Bedeutung Kurt Eisners als demokratischen ersten Ministerpräsidenten des Freistaats wirklich ernst nimmt, einen zentralen Platz nach ihm benennen, was noch obendrein dort den Vorteil hätte, noch nicht irgendjemand seine Adresse ändern müsste, sondern der Marienhof ist keine Stadtadresse, sondern ist nur ein Platz und man könnte ihn in Kurt-Eisner-Platz umbenennen, das natürlich abgelehnt wurde stattdessen hat man da diese Glasplatte hingemacht (Anm. d. Verf. gemeint ist das Denkmal am Oberanger) [...] interessant ist, wie will man genau nicht erinnern, also wie unsichtbar, unauffällig soll die Erinnerung sein und wie wenig ist man bereit die demokratischen Wurzeln unserer heutigen Gesellschaft ins Zentrum der Wahrnehmung zu rücken. Wäre es eine selbstbewusste Demokratie, wären unsre Politiker selbstbewusste Demokraten, würden sie selbstverständlich wie in Frankreich, wie in Italien, wie in Holland, wie in Tschechien, wie in Österreich, würde man den Namen des Begründers der Demokratie in Bayern an einen zentralen Ort der Stadt ändern und nicht irgendwie abgeschoben an einen Off-place.

Haben sie viel Resonanz bekommen? Sind Leute auf sie zugekommen, dass es richtig ist und dass daran erinnert werden sollte? Oder schon wieder jemand, der versucht, die Aufmerksamkeit auf jemanden aus der Vergangenheit zu richten?

Es gab natürlich beides, es gab natürlich Leute, das wussten wir nicht und das ist richtig und wichtig und notwendig so, und es gab natürlich die Andere, die gesagt haben, was soll denn das, was wollt ihr denn mit dem Kommunisten, das ist Blödsinn. Das ist in einer Demokratie so [...] man hat nicht nur Freunde bei so etwas. Und eben wie gesagt die ganzen Konservativen, bzw. die alten und neuen Nazis, die nach 45 fröhliche Urstände gefeiert haben oder kontinuierlich in den Behörden, in der Politik, in der Justiz, in den Universitäten und in den Schulen weiterhin wirken konnten, ohne, dass sie jemals belangt wurden. Die sind natürlich gegen so was, das ist ja ganz klar. Aber ich denke, dass wir aber viel bewirkt haben.

Es gibt noch eine Geschichte […] habe ich 89 eine Kurt-Eisner-Kulturstiftung gegründet, also ein lebendes Denkmal, es sind 20 Künstlerinnen und Künstler eingeladen aus München eine Grafik zu machen und wir haben daraus eine Grafik Mappe hergestellt, wovon ich auch noch einige Exemplare habe. Haben diese Grafik Mappe verkauft und haben aus dem Geld eine Stiftung gegründet und vergeben nun im Laufe der Jahre immer wieder mal einen Kurt-Eisner-Kulturpreis um die Erinnerung lebendig zu halten und laden Künstlerinnen und Künstler aus der ganzen Welt ein zu einem bestimmten Thema, zum Beispiel Thema Krieg oder soziale Gerechtigkeit, oder sonstiges, oder jetzt, wir werden dieses Jahr wieder eine Ausschreibung machen. Zu dem Thema der kommende Aufstand und laden Künstler ein sich damit zu beschäftigen und daraus ein Kunstprojekt zu entwickeln, dass man in der Öffentlichkeit zeigen kann, wo also etwas geschieht, was die Geschichte heute reflektiert und sichtbar macht […] Website die heißt www.Kurt-Eisner-Kulturstiftung.de und auch darüber haben wir natürlich Öffentlichkeit und immer wieder und halten das auch in der Diskussion und werden das auch weiterhin machen auch dieses Jahr […] also man muss Erinnerung lebendig halten, Erinnerung ist etwas aktives, mit einer Platte weder am Boden, noch an der Wand ist es nicht getan, erinnern ist ein aktives Verb, es ist kein passives und deswegen muss man was tun und werden wir auch weiterhin was tun.

Gibt es schon einen genauen Plan, was sie diesen November machen werden?

Ich werde im Rathaus einen Vortrag machen zu Kurt Eisner und der schwere Gang der Erinnerung und eine Führung zu drei Orte, nämlich zur Kardinal Faulhaber Straße Mathäser, wo die erste Tagung war und am Oberanger, damit die Menschen sehen in welcher Form in dieser Stadt erinnert wird […].

Quellen- und Literaturverzeichnis

I. Zeitungen

Bayerischer Landtag u.a.: „Und schließlich sah man rote Fahnen über den Köpfen flattern…". Vor 75 Jahren: Revolution im Königreich Bayern. In: Maximilianeum, Nr. 8 (1993), S. 88/89.

Bayerischer Landtag u.a.: „… so muß man jetzt wünschen, daß Eisner noch da wäre". Vor 75 Jahren: Nach der Ermordung des bayerischen Ministerpräsidenten versank das Land im Chaos. In: Maximilianeum, Nr. 1 (1994), S. 4/5.

EISNER, Freya: Wird ein Denkmal falsch dekoriert? In: Münchner Stadtanzeiger, 07.11.1991, S. 18.

EISNER, Kurt: An die Bevölkerung Münchens!. In: Münchner Neueste Nachrichten, 08.11.1918, S. 1.

GÖRL, Wolfgang: Gedenkmarsch mit Polizeibegleitung. Beamte halten Aktion zur Erinnerung an Kurt Eisner für Demonstration. In: Süddeutsche Zeitung, 23.02.2009, S. unbekannt.

GÖRL, Wolfgang: Revolutionäres Gedenken. Initiative will Marienhof in Kurt-Eisner-Platz umtaufen. In: Süddeutsche Zeitung, 20. / 21.05. 2009, S. unbekannt.

MESSOW, Hannelore: Der Stein des Anstoßes. In: Stern, 19 (1988), S. unbekannt.

REISER, Rudolf: Als die Justiz einen Mord beschönigte. In: Süddeutsche Zeitung, 16.01.1995, S. 27.

Unbekannter Autor: Zum Landtagsbeginn. In: Münchner Neuste Nachrichten, 21.02.1919, S. 1.

II. Literatur und gedruckte Quellen

BADDE, Joseph: Das Kurt-Eisner-Denkmal in der Kardinal-Faulhaber-Straße in München. Der Politstreit und die momentane didaktische Realität, München/Ravensburg [1]2001.

BEYER, Hans: Die bayerische Räterepublik 1919. In: Zeitschrift für Geschichtswissenschaft 2 (1954), S. 175-191.

FRANÇOIS, Etienne / SCHULZE, Hagen : Einleitung. in: François, Etienne / Schulze, Hagen (Hrsg.): Deutsche Erinnerungsorte I., München [1]2001, S. 9-24.

GRAU, Bernhard: Kurt Eisner 1867 – 1919. Eine Biographie, München 2001.

HAFFNER, Sebastian: Die verratene Revolution. Deutschland 1918/19, Bern/München/Wien 1969.

HARTMANN, Peter Claus: Münchens Weg in die Gegenwart. Von Heinrich dem Löwen zur Weltstadt, Regensburg [1]2008.

KRAUS, Andreas: Geschichte Bayerns. Von den Anfängen bis zur Gegenwart, München 1983.

LIEDTKE, Rüdiger: 111 Orte in München, die man gesehen haben muss, Köln 2011.

SCHMID, Alois / WEIGAND, Katharina: Einleitung. in: Schmid, Alois / Weigand, Katharina (Hrsg.): Schauplätze der Geschichte in Bayern, München 2003, S. 7-10.

ZIERER, Otto / KAMMERL, Anton: München. Eine Stadt und ihre Geschichten aus 850 Jahren, München 2007.

III. Internetquellen

Die bayerische Bevölkerung in der Zeit Ludwigs III., in: www.koenigreichbayern.hdbg.de [27.10.2012].

Friedrich Ebert Stiftung, AdsD – Archiv der sozialen Demokratie, Kurt Eisner, www.fes.de, [21.10.2012].

GRAU, Bernhard: Beisetzung Kurt Eisners, München, 26. Februar 1919, in: Historisches Lexikon Bayerns, www.historisches-lexikon-bayerns.de [02.11.2012].

GRAU, Bernhard: Kriegsschuldfrage, 1918/1919, in: Historisches Lexikon Bayerns, www.historisches-lexikon-bayerns.de [22.10.2012].